AF356944

NOTICE BIOGRAPHIQUE

SUR

MARIE ROUAULT,

PAR G. LEJEAN.

1858

Parmi cette clientèle de jeunes savants sur lesquels notre Académie étend son bienveillant patronage, il en est dont les efforts et les succès excitent une sympathie particulière : ce sont des enfants du peuple, qu'une intelligence supérieure, un travail acharné, et le secours de quelque heureuse circonstance ont tirés de l'obscure condition où ils étaient nés pour leur donner un rang dans la plus noble et la plus libérale des professions.

A qui ces nobles parvenus de l'intelligence et du travail doivent-ils l'émancipation que le travail et l'intelligence n'auraient pu suffire à leur donner?

Demandez, par exemple, à M. Marie Rouault comment il a fait. Il y avait à Rennes, il y a quelques années, un jeune garçon barbier qui rasait les gens à un sou par tête, n'ayant d'ailleurs pour vivre aucune autre ressource : c'était M. Rouault. Aujourd'hui, si vous visitez une société savante, à Paris, à Londres, à Berlin ou dans le Nouveau-Monde, vous entendrez parler d'un géologue à qui l'on doit les plus intéressantes découvertes sur le sol de la Bretagne. Nul mieux que lui ne sait trouver, décrire, dessiner les fossiles. Pour les trilobites surtout, si vous voulez connaître cette espèce, en voir des échantillons nombreux, superbes, parfaitement classés, c'est à lui, à lui seul qu'il faut vous adresser. Ce géologue, c'est

M. Rouault, échappé à l'obscur métier où se consumait
sa jeunesse, et consacré désormais tout entier au service
d'une science qu'il enrichit tous les jours de précieuses
découvertes.

Reste à savoir comment le jeune barbier de Rennes a
pu quitter le rasoir et la savonnette qui le faisaient vivre,
pour aller récolter dans le calcaire et les schistes de la
Bretagne les dépouilles des mollusques qui y sont inhu-
més. Cet heureux changement de condition, M. Rouault
le doit à une influence que nous devons signaler, parce
qu'elle a produit ailleurs d'excellents effets, et qu'elle
peut, en se généralisant, suppléer aux vices de notre édu-
cation publique. A Rennes, comme en plusieurs autres
grandes villes, la municipalité a eu la généreuse pensée
de rechercher dans la population dont elle surveille les
intérêts, les sujets que leurs facultés naturelles appellent
à servir et à honorer le pays dans des fonctions supé-
rieures à celles que la naissance leur assigna. M. Rouault
est pensionnaire de la ville de Rennes; c'est là son titre,
celui qu'il ne manque pas d'inscrire sur tous ses savants
Mémoires. Ce titre est doublement honorable, pour Monsieur Rouault, dont il rappelle les laborieux succès, pour
la municipalité de Rennes dont il recommande la libéralité
à l'estime et à l'imitation de toutes les communes de France.

DUMONT et TERRIEN.

(Comptes-rendus scientifiques. — Avril 1849.)

NOTICE BIOGRAPHIQUE

SUR

MARIE ROUAULT,

PAR G. LEJEAN.

M. Rouault est en ce moment à Paris. Ceux qui nous demanderont ce que c'est que M. Marie Rouault, nous pouvons les renvoyer à Londres, à New-York, à Berlin, à Prague, partout où il y a un centre de travaux scientifiques. Nous aimons mieux leur dire une bonne fois que M. Rouault était, il y a sept ans, petit perruquier à Rennes, et qu'il est aujourd'hui directeur du Muséum géologique de la même ville.

Cette vie est tout un roman.

Au début de la Restauration, vivait dans une des plus sombres échoppes de la rue de la Parcheminerie, — la rue Mouffetard de Rennes, — un pauvre cordonnier, nommé Rouault, chargé de treize enfants que la misère faucha en peu d'années. Rennes a gardé le souvenir de 1823, une vraie année d'Irlande. Le père Rouault, à bout de ressources, trouva pour l'aîné des survivants une place de *pâtour* dans une commune de la banlieue et s'empressa d'en profiter : l'enfant quitta l'échoppe et alla se fortifier au grand air de la pleine campagne.

Marie Rouault était, à cette époque, un enfant de dix ans, blond et maigre, dont la misère avait déjà aiguisé l'intelligence. La vie errante et solidaire de pâtre, dans ces grandes landes bretonnes, au milieu de ces roches de Noyal qui dominent si hardiment la vallée un peu triste de la Seiche, développa en lui deux instincts singulièrement associés : l'instinct chercheur, collectionneur, et une passion pour la musique, fréquente dans cette existence à demi-sauvage et que George Sand a si poétiquement et si subtilement analysée dans son roman le plus récent. Le *pâtour* faisait déjà de petites collections, et courait à Rennes les brocanter pour quelques sous, qui passaient immédiatement chez le marchand de guimbardes et de chalumeaux, sur lesquels Rouault improvisait tout le jour les mélodies agrestes et bizarres que lui inspiraient le vent dans les landes, le murmure de la Seiche sur les cailloux, les mille bruits de la nature.

Mais, en attendant, le pâtre mélomane n'avait pas de chemise : quant aux lacunes du pantalon, elles étaient convertes par une immense blouse qui lui traînait aux talons, une vraie *gole*, comme on dirait aux Antilles. Ce qui était plus grave, c'est que les bêtes du petit Rouault étaient les plus impudentes partageuses de la commune : ni bornes, ni fossés, ni claies n'existaient pour elles. Le maître se fâcha, et finit par mettre ce flâneur à la porte : mais il eut l'attention bienveillante d'accompagner le renvoi du don d'un boisseau de blé noir qui diminua un peu l'accueil piteux que fit la maison paternelle à l'enfant inutile.

Le père Rouault décida alors que son fils serait perruquier, et le mit en apprentissage chez un patron, à la
condition que le jeune garçon, ne pouvant payer les frais
d'apprentissage, serait pris comme garçon de boutique,
à tout faire. Mais déjà notre adolescent s'échappait le
soir, le jour même, dès qu'il avait une heure de liberté,
pour aller suivre des cours de toute espèce : et à dix-
huit ans, de retour de son tour de France, quand il
entra comme ouvrier chez un coiffeur de sa ville natale,
il stipula, au prix d'une diminution sur sa paie, la liberté
de suivre certains cours publics. Déjà ses études avaient
un but plus précis, et le chercheur de cailloux commençait à entrevoir certaines lois des sciences géologiques,
auxquelles il avait fini par se vouer.

Après avoir quelque temps travaillé à son compte, à
Rennes, notre jeune perruquier profita de ses économies
pour venir à Paris se perfectionner dans la pratique de
son *art*. Seulement, à peine arrivé, la *Folle du logis*
s'empare impérieusement de lui et l'entraîne, bien loin
des ateliers des maîtres ès-coiffure... au Jardin-des-
Plantes. Les premiers jours, notre provincial alla, vint,
visita les collections, les galeries, et ne rasa point. Tant
de jours suivirent ceux-là, que les économies disparurent
et que le futur savant se trouva, un matin, sans un sou
et sans travail. En revanche, il avait fait une découverte
immense qui devait être le point de départ de sa fortune
scientifique.

En visitant les cases où étaient étiquetées, par ordre
de départements, les échantillons géologiques et minéralogiques de cette belle carte de France que les autres na-
tions envient à notre école des mines, M. Rouault avait
été frappé de la pénurie des échantillons recueillis dans

son département. « Pourtant, l'Ille-et-Vilaine est plus riche que cela, » se disait-il obstinément. Il en avait assez. Il retourna à Rennes, avec une idée à l'état pratique; du reste, presque nu-pieds, allégé de 1,500 fr., et de tous ses effets passés au Mont-de-Piété (1836).

A Rennes, Rouault reprend sa petite boutique, placée dans un quartier ouvrier, et se remet à faire des barbes à un sol. Bien que sa clientèle fût assez nombreuse, il trouva moyen de ne rien gagner, et voici comment le géologue emporta le perruquier. La boutique, ouverte le samedi, fermait le dimanche, à trois heures, jusqu'au samedi suivant. Loyer et menus frais payés, l'artiste avait environ deux francs pour vivre cinq à six jours : il se lançait dans la campagne, le marteau du géologue à la main, un pain de munition dans son sac, et commençait l'exploration des terrains dont Rennes est le centre, partant de cette ville et agrandissant indéfiniment sa spirale. Au bout de dix ans de cette vie, il eut une collection qui atteignait le chiffre effrayant de 117,000 pièces. Ce fut alors que les amateurs, jusque-là fort indifférents, s'émurent d'une curiosité un peu intéressée : il se présenta des *protecteurs* dont l'un, en échange de quelques visites, voulut se faire *offrir* l'incomparable collection... Ces avances étaient pour le jeune savant une souffrance de plus : il est vrai qu'il en était parfois dédommagé par quelques sympathies plus élevées, comme celle de M. Geoffroy Saint-Hilaire, qui, en 1845, visita l'humble échoppe encombrée d'échantillons minéralogiques.

En France, et un peu partout, le métier fait vivre, l'art fait mourir de faim. Pendant que M. Rouault poussait avec son entêtement breton les travaux qui devaient donner à son pays une des plus belles places dans la géologie du vieux monde, ses ressources s'étaient épuisées, sa santé était délabrée : l'indifférence du monde, la jalousie hargneuse de ses confrères, n'étaient pas de nature à diminuer ses souffrances. — Nous donnons ici la parole à M. Rouault lui-même, en extrayant quelques passages d'un mémoire qu'il adressait au maire de Rennes (février 1853) :

« Telle était alors ma situation... Très-souffrant, au sein de l'hiver, manquant de tout, n'ayant pas même l'espoir de sauver le résultat de mes travaux si chèrement payés par tant de peines et de fatigues, je me demandais comment vaincre tant d'obstacles, lorsqu'un jour, en proie à cette triste pensée, j'entendis frapper à ma porte. C'était M. le général de Tournemine.

« — Monsieur, me dit-il, j'ai entendu parler de vous et de vos découvertes; j'ai appris en même temps l'embarras de votre position, et viens vous offrir tous les moyens en mon pouvoir pour vous aider à en sortir. Il faut que vous puissiez tirer parti des recherches qui vous ont tant coûté, et dont il serait regrettable de vous voir perdre le fruit. » Puis, s'asseyant près de moi, il me fit lui raconter toute ma vie, et me demanda ensuite ce que je comptais faire et devenir.

» Lorsque j'eus fini de parler, il approuva hautement mon désir de mieux faire connaître mon pays. Mais comment ferez-vous, me dit-il, car avant tout il faut vivre. Qu'espérez-vous faire? — Je n'en sais plus rien, lui dis-je. — Eh bien! c'est là ce qu'il s'agit de savoir, répliqua M. de Tournemine, qui se ravisa soudain à la vue d'un méchant pistolet, jeté dans un tas de ferrailles à l'un des coins de ma chambre. Que faites-vous de ce pistolet? — Vous le voyez, Monsieur. — Je fais collection d'armes, ajouta le général avec un sourire imperceptible, et j'estime celui-ci 50 fr.; voulez-vous me le donner pour ce prix? — Mais, Monsieur, il ne vaut pas 50 centimes! — Puisque je lui trouve cette valeur, dit M. Tournemine en essayant de m'en démontrer l'origine toute fabuleuse; et, le mettant dans sa poche, il déposa dix pièces de cinq francs sur ma commode... »

Le sauveur était trouvé, et à partir de ce moment, les inquiétudes matérielles du jeune savant eurent une fin; à la même date, la municipalité de Rennes informée qu'elle avait un travailleur dont elle serait bientôt fière, vint à son secours fort à propos. Il fut envoyé à Paris pour compléter et soumettre à la discussion des corps spéciaux les découvertes sur la géologie de l'Ouest. M. de Tournemine, qui s'y trouvait alors, le patrona, le présenta au ministre de l'instruction publique, puis à M. Arago. Laissons encore notre jeune savant raconter avec une candeur charmante l'émotion qu'il éprouva à la seule pensée d'aborder ce Jupiter Olympien de la science contemporaine :

« Je tremblais à l'idée de me trouver en présence de cette renommée si grande qu'elle remplit l'univers, et pourtant que n'aurais-je pas donné pour pouvoir dire : J'ai vu M. Arago! je lui ai parlé!

« Enfin, nous arrivâmes, et lorsque nous fûmes en présence de l'illustre astronome, j'eus peine à revenir de mon étonnement : « Comment, me disais-je, tant de gloire et de science peuvent-elles exister sous des apparences aussi simples et s'accorder avec des formes si bienveillantes? » Ce ne fut pas sans quelque surprise que je me sentis près de lui si parfaitement tranquille et maître de toutes mes pensées. Je le devais à un seul de ses regards qui avait suffi pour me rassurer, car son œil est aussi bien fait pour inspirer de la hardiesse même au plus timide que pour intimider le plus hardi.

» Quand nous fûmes assis, M. de Tournemine se plut à lui raconter avec les plus grands détails toute ma vie et toutes mes peines, les résultats que j'avais obtenus et surtout l'état dans lequel il m'avait trouvé.

» Oh! c'est alors, monsieur le Maire, que j'éprouvai une de ces émotions qu'on ne peut définir, en voyant ce grand cœur et cette sublime intelligence s'attendrir au seul récit de mes misères. Puis il dit à M. de Tournemine : « Comment, personne ne s'est trouvé là pour le soutenir et l'encourager? sans vous, général, c'en était fait de tout ce qu'il a découvert avec tant de peines! Tant d'efforts seraient donc restés inutiles! »

« Je vois, me dit M. Arago, que vous tendez à démontrer que la Bretagne est un pays bien intéressant au point de vue géologique. » Et comme j'en parlais avec effusion, il reprit : « Vous paraissez bien l'aimer, votre Bretagne? — Il ressemble à tous les Bretons, répliqua M. de Tournemine, pour eux, rien au-dessus de leur pays. — C'est vrai, dit le savant astronome, c'est un exemple qu'il serait heureux de voir suivre partout. »

A quelques jours de là, M. Rouault était nommé d'acclamation membre de la société géologique de France (décembre 1846). En 1847, le gouvernement anglais lui faisait don du magnifique ouvrage sur la paléontologie de la Grande-Bretagne, et l'administration du Jardin-des-Plantes lui proposait une mission en Afrique, qu'il dut refuser dans l'intérêt de ses travaux spéciaux. Enfin, il fut nommé pensionnaire de la ville (1847), et le 1er mars 1853, le Conseil municipal de Rennes votait la création d'un Muséum géologique pour les onze départements de l'Ouest (c'est la première création de ce genre qui existe en France), et le lendemain, M. Marie Rouault en était nommé directeur à l'unanimité.

Nous nous sommes borné, dans cette esquisse, à la biographie sommaire du perruquier-géologue de Rennes. Mais nous ne devons pas omettre qu'il a enrichi la géologie d'une doctrine toute spéciale basée sur dix-huit années de travaux, et que nous exposerons scientifiquement un de ces jours. Nos lecteurs nous pardonneront aisément d'avoir remplacé, cette fois, notre bulletin spécial par un récit qui tient des autobiographies de Claude Genoux et de Bernard de Palissy.

(Extrait du *Voleur, Cabinet de Lecture,*
15 avril 1854.)

Rennes, imp. de F. Péa'at.

www.ingramcontent.com/pod-product-compliance
Lightning Source LLC
LaVergne TN
LVHW011931170726
843501LV00011BA/4338